Moosinning,   März 2009

Papa,
was machst du
eigentlich?

Ein Buch, das erste Buch von
Peter Bauer.

Vor ca. 6 Jahren wurde der
Gedanke geboren, durch die
Frage Papa, was machst du
eigentlich?
Im Oktober 2006 wurde das
Projekt Buch aufgesetzt und im
März 2009 abgeschlossen.

Herstellung und Verlag:
Books on Demand GmbH, Norderstedt
ISBN 978-3-8370-7970-8

Widmung

Diese Buch widme ich meinen Kindern, auf die ich unglaublich stolz bin, die mein Leben bereichern mein Leben mit Sinn erfüllen.

Meiner Frau Claudia sie ist die Liebe meines Lebens.

Meinem Bruder der immer zur richtigen Zeit mit den richtigen Worten mir zur Seite stand und steht, ein Bruder wie man sich ihn wünscht, Berater, Freund, Bruder und Kumpel in einer Person.

Menschen die mir wichtig sind, Dietmar Jäger, Andreas Meier, Ralph Detert, Anton Oberlechner, Ralph Oetter und viele andere die ich auf meiner Reise getroffen habe.

Und natürlich den Menschen die mich begleiten und so nehmen wie ich bin .

Meine Eltern die immer da waren und insbesondere meine Mama die viel zu früh von uns gegangen ist, die sicherlich stolz ist, das ihr Sohn ein Buch geschrieben hat.

Ulla und Werner die nie müde wurden, um mir die Freude am Lesen zu vermitteln.

Danke.

Inhaltsverzeichnis

Prolog, oder wie alles begann.

Papa was machst du eigentlich? oder eine Karriere in der Elektronik Bauelemente Industrie

Mit dieser Frage eines meiner Kinder begann alles. Es ist jetzt einige Jahre her, als diese Frage mich unvorbereitet getroffen hat und seit dem geht sie mir auch nicht mehr aus dem Kopf. Eine Breitseite die dazu geführt hat, dass ich nachdenke, seniere und probiere meinen Job in Worte zu fassen und schlussendlich der Auslöser für diese Buch. Wie eine Endlosschleife in der Computertechnik wie die Umlaufbahn der Erde immer und immer wieder kommt die Frage, Papa was machst du eigentlich?

Auf dem Flug von Amsterdam nach München, wie so oft um in das European Headquarter zu kommen, entschloss ich mich dies in Worte zu fassen, meine Gedanken zu sortieren und fing an einfach loszuschreiben.

Lang ist es her als mein Vater damals 1981 am Ort einen neuen Fernseher gekauft hat und offensichtlich weil er sich Sorgen um seinen ältesten Sohn machte, jetzt wo er die Schule abgeschlossen hatte. Er fragte einfach den Besitzer von dem Radio und Fernseh Geschäft, ob er ausbildet und ob ich, sein Sohn, eine Lehre bei Ihm absolvieren könnte?

So kam ich zum ersten Mal überhaupt in Kontakt mit Elektronik und mit Arbeit respektive Ausbildung anstelle von Schule.

Die Ausbildung machte mir sehr viel Spaß, Kundendienst, Fernseher und Elektronikgeräte reparieren, Antennen installieren und bauen und natürlich das erste Geld zu verdienen.

Damals mit 15 Jahren macht man sich nicht unbedingt Gedanken wie die Karriere verlaufen soll oder wie man die Karriere beeinflussen kann, um erfolgreich zu sein. es drehte sich ausschließlich um das Wochenende und wo die besten Partys waren. Der Turmkeller in Bad Tölz war jahrelang ein Ziel für uns.

In Windeseile verging die Zeit, ich machte meinen Autoführeschein und ab dann verflog die Zeit erst richtig Den Zeitraum bis zum Führerschein empfinde ich nach wie vor als unendlich, den Zeitraum nach dem Führerschein empfinde ich unglaublich kurz und schnelllebig die Zeit rannte, sie flog nur so an mir vorbei.

Jetzt 25 Jahre später grübele ich darüber nach, was alles so passiert ist, wieso ich grundsätzlich Entscheidungen getroffen habe, was mache ich eigentlich? Wieso ist das alles so passiert? War das geplant oder konnte ich mich bis jetzt auf mein Bauchgefühl verlassen?

Meine Kinder, Lucas, Maria und Julia wie auch Celine interessieren sich natürlich in diesem Alter was der Papa so den ganzen Tag macht, wieso fliegt er soviel weg?

Wieso ist er abends denn nicht zu Hause, wie der Nachbarn Papa zum Beispiel?
Der Papa von einer Freundin ist Metzger, das ist einfach zu erklären und auch zu zeigen, der andere ist Bauer, auch das ist nachvollziehbar und unkompliziert zu erklären, der andere arbeitet beim Autohändler und repariert die Autos aber was macht mein Papa?

Man ringt mit Erklärungsversuchen, wie kann man einem Kind erklären wozu eine Halbleiter, Kondensator oder eine Varistor nötig ist, wie ist eine Fernbedienung aufgebaut?
Wieso eigentlich braucht man das alles?
Man braucht doch nur auf den Knopf zu drücken und schon schaltet sich der Fernseher ein – das alles macht die Sache nicht unbedingt einfacher.

Nach wie vor gefangen in der Erklärungsnot zeigte ich meinen Kindern einige meiner ersten Projekte als Entwicklungsingenieur.
Hybrid Module und einige der Fernbedienungen die ich damals in meiner 3jährigen Tätigkeit als Entwicklungsingenieur entwickelt hatte. Jetzt konnte ich wenigstens zeigen wie eine Fernsehfernbedienung aufgebaut ist und was es heißt so etwas zu entwickeln, das Layout zu erstellen und natürlich auch die gesamten Unterlagen aufzubereiten, um das Projekt in die Fertigung zu überstellen.

Von Zeit zu Zeit passiert es , dass jeder von uns auch mal an die Anfänge denkt – was auch immer das Auslösen der Gedanken triggert. Das Leben Revue passieren zu lassen, um dann festzustellen, dass viele Dinge einfach so passieren.

Der erste verantwortungsvolle Job

In dieser Zeit, 1989 – 1992, hatte ich in meinem Berufsleben wirklich noch Zeit für Projekte. Zeit die ich mir nehmen konnte, um mich in neue Materie wie z.B. eine Software einzuarbeiten ohne den unglaublichen Termindruck von heutzutage zu spüren.

Sehr wohl erinnere ich mich an eine Situation, als ich meinen damaligen Chef gefragt habe, ob ich 2 Wochen lang einen Kurs für eine neue Software belegen kann, um das dann auf das Projekt, in diesem Falle, komplette Kalkulation der Entwicklungskosten, anzuwenden .

Die Antwort war „ natürlich, nimm dir die Zeit", um dann effektiver arbeiten respektive effektiver Entwicklungskosten zu kalkulieren

„ Heutzutage wäre die Antwort sicherlich anders ausgefallen, wie z.B. „ Nutze die Mittagspause oder du bist doch nächste Woche unterwegs, dann kannst du dir ja abends Zeit nehmen, oder wieso kannst du das noch nicht besser „ Egal wie du das realisierst, aber morgen brauche ich das! „

Die Arbeit respektive die Erfahrung die ich als Entwicklungsingenieur gemacht habe, hat mir in meiner Karriere auch immer wieder geholfen. Insbesondere bei Gesprächen mit Entwicklern vor Ort beim Kunden.

Einen Schaltkreis zu entwickeln, denke ich, ist erst einmal einfach wenn die Grundlagen der Elektronik verstanden und gefestigt sind.

Aber diese Schaltung dann richtig planen, das Layout entsprechend der Fertigungsplanung und die Bauteile entsprechend der Materialwirtschaft bzw. Beschaffung (Einkauf) einzuplanen, auszusuchen, zu definieren und einzusteuern in die Fertigung, macht das elektronische Board so komplex.

Entwickeln von neuen Schaltungen ist ein Thema, das Projekt mit allen Dokumenten in die Fertigung einzusteuern ein ganz anders.
Heutzutage kommt der Faktor Software und Integration erschwerend hinzu.

Die neuesten Mikroprozessoren zu programmieren, ASICs, zu programmieren das ist eine besondere Welt und ein sehr komplexes Thema in Bezug auf die Software.
Trotz alle dem wird als erstes die Hardware benötigt und diese muss wirtschaftlich produziert werden können.

Zurück zur Frage, meine Kinder waren dann erst einmal zufrieden, aber sie kamen wieder zurück, natürlich wer hätte etwas anders erwartet, Papa du verkaufst doch was? Oder?

Vertrieb!

Ja ich bin jetzt im Vertrieb und probiere die Produkte die
wir herstellen zu verkaufen, an den Mann zu bringen!.
Wie kam das damals, was hatte mich dazu bewogen den
tollen Job als Entwickler aufzugeben und in den technischen
Vertrieb eines amerikanischen Kondensatorherstellers zu
wechseln.

War es wirklich nur etwas Banales? Das Geld ? Das Auto ?
Natürlich aber der Hauptgrund wenn ich offen und ehrlich
bin war das Argument

„ Bei uns bekommen Sie einen Mercedes als Firmenwagen „
Das hat exakt meine Bedürfnisse getroffen, ein Wagen den
ich nicht selber bezahlen muss, den die Firma für mich
bereitstellt. Das war für mich wie Weihnachten und
Geburtstag an einem Tag.

Das war das Argument welches mich überzeugt hat in den
technischen Vertrieb zu gehen. Selbstverständlich auch die
Tatsache, dass ich gerne Reise und mit Menschen spreche
und natürlich bin ich auch vom Charakter eher ein
extrovertierte Mensch als ein introvertierter Geselle.
Nach 3 Jahre in der Entwicklung wechselte ich dann in den
technischen Vertrieb und war zuständig für Süddeutschland.

Zu dem Zeitpunkt war mir nicht klar, was das bedeutet,
welche Kunden ich besuchen durfte und was ich zu tun hatte.
Die Vorfreude auf den Firmenwagen ließ keine Zweifel oder
andere Gedanken überhaupt erst aufkommen.

Mir wurde schnell klar, Vertrieb ist etwas ganz anderes als die Arbeit eines Entwicklungsingenieur.
Meine bis dato begrenzte bis nicht vorhandene Vertriebserfahrung konnte ich aber wettmachen mit meinem technischen Wissen und der Erfahrung, was es bedeutet, ein Projekt aufzusetzen und bis zur Serienreife zu managen.

Wieder probierte ich meine Kinder zu erklären, was ist den Vertrieb? Wieso fährt der Papa jetzt bis nach Stuttgart zum Arbeiten? Anhand der Entwicklunsgmuster konnte ich jetzt wenigstens dokumentieren, was die Firma in USA, Mexico und Asien produziert und das es nur ein kleiner Teil ist, um eine, um beim Beispiel zu bleiben, Fernbedienung zum funktionieren zu bringen. Die nächste Hürde war, was ich denn in Stuttgart mache? oder in Frankfurt? Gibt es den nicht hier genug Firmen die das Zeug kaufen? Wieder gefangen in Erklärungsnöten ... .

Durch sehr viel Detailarbeit und hohem Einsatz war ich auch sehr schnell erfolgreich (das Glück stand mir zur Seite).
Das brachte mir die Position des Teamleaders für einen großen Automotive Kunden ein, den ich dann auch gleich weltweit koordinieren sollte.

Jetzt setzte sich eine Entwicklung in Gang die unglaublich an Dynamik gewann und die mich auch geschäftlich nach Amerika und Asien brachte.
Eine Erfahrung die für meine weitere Entwicklung und Laufbahn sehr wichtig war.

Eine Reise nach Asien bleibt mir stark in Erinnerung, das erste Mal auf den Philippinen, 3 Tage, ich wusste gar nicht das das überhaupt geht so kurz mal nach Asien. Nach einem sehr langen und intensiven Meeting waren wir auch zum Abendessen eingeladen worden, irgendwo in Manila.

Seit 3 Tagen war ich nun unterwegs, Handy gab es zu dem Zeitpunkt nicht und im Restaurant, welches sehr voll war hörte ich nach der Zeit meine eigene Sprache wieder. Irgendwo in einem Eck sprachen Leute deutsch und dann fiel mir erst auf, dass niemand mit mir seit Tagen deutsch gesprochen hat.

Das war das erste Mal in meinem Leben das ich meine eigene Sprache vermisste, seltsames Gefühl und schön zugleich.
Auch eine Erfahrung die man erst einmal durchleben muss um festzustellen, was einem bereits nach 3 Tagen schon fehlen kann und dass man 3 Tage nichts aus der Heimat gehört hat. Heutzutage ist man mit Blackberry und Co so ausgestattet, dass Kommunikation von überall aus möglich ist.

In der Zeit, mein Start ins Vertriebsleben, 1992, gehörte das Handy nicht zur Grundausstattung im Vertrieb genau so wenig wie der Laptop. Die Besuche beim Kunden liefen noch ungestörter und auch die Gespräche waren intensiver. An meinen ersten großen Auftritt bei einer sehr großen Firma mit Sitz in Stuttgart und stark im Telekommunikationsbereich tätig kann ich mich noch sehr gut erinnern. Wir hatten ein gutes Gespräch und konnten

auch gut miteinander – auf Deutsch die Chemie hat
gestimmt.

Es war ein typisches Vorstellungsgespräch, unter dem Motto
„ Ich bin Ihr neuer Ansprechpartner, wie kann ich Ihnen
helfen „
Nach ca. 2 Stunden war das Gespräch dann beendet ich
zitiere „Herr Bauer, hier habe ich noch eine Bestellung,
damit Sie nicht mit leeren Händen nach Hause kommen„
Wer von uns hat eine Originalbestellung überhaupt
irgendwann mal in den Händen gehabt? Wo findet sich noch
ein Auftrag? Oder eine Bestellung?
Voller Stolz bin ich ins Büro zurück gefahren und die
Bestellung wurde mühevoll ins System eingegeben.
Die Warenwirtschaftssysteme waren oft noch eigene
Entwicklungen der Firmen und sehr komplex und bei
weitem nicht benutzeroptimiert.

Zwei Jahre später entstand eine große Debatte über Handy,
Mobiltelefone im Vertrieb.
Das ganze lief über ca. 6 Monate, Austausch von
Argumenten mit dem damaligen VP Europa und dann
endlich wurden die neuen Firmenwagen inklusive einem
Autotelefon genehmigt.

Das machte die Sache einfacher und den Vertrieb effizienter.

Jetzt war der Vertrieb in der Lage von unterwegs Themen
und Anfragen abzuklären, Termine zu vereinbaren und
Neuigkeiten schnell zu kommunizieren – auch wenn Email
zu dem Zeitpunkt immer noch etwas besonderes, etwas
Extravagantes war – der erste Schritt war getan.

Zu dem Zeitpunkt wurde auch immer mehr Elektronik gebraucht, Handy Boom, Laptops, bis hin zu mehr elektronischen Systemen im Auto.

In aller Regel wird im Bereich der Elektronik erwartet , dass der Preis jedes Jahr gesenkt wird durch Optimierung der Fertigungen und Steigerung der Stückzahlen, d.h. der Durschschnittspreis sinkt jedes Jahr um ca. 3 – 5% bei manchen Produktfamilien wie Kondensatoren oder Transistoren / Dioden sogar noch mehr

1999 – 2000 wurden die Bauteile knapp – sehr knapp. Tantalkondensatoren, MosFets, unter anderem waren auf Allokation d.h. für Top Key Accounts zugeteilt, anhand von Vorjahreszahlen, wurde die Zuteilung berechnet

Da die Fertigung der genannten Produkte den Bedarf weltweit nicht mehr decken konnte – welch eine schöne aber auch harte Zeit für den Vertriebsbereich – schlimmer noch für die Einkäufer.
Endlich war man dem weltweiten Wettbewerb und Preisdruck nicht mehr so ausgeliefert, man wurde vom Management des Kunden sogar angerufen und zu Gesprächen gebeten. Das war die Zeit, um Beziehungen bis ins Top Management der Kunden aufzubauen.

Sehr gut kann ich mich an eine Preisverhandlung eines namhaften Automobilzulieferers erinnern, der mit allen Mitteln versucht hat, trotz Allokation die Preise nach unten zu verhandeln.

Als zuständiger Key Account Manager hatte ich bereits intern sichergestellt, dass mein Kunde entsprechende Stückzahlen für das laufende Geschäftsjahr zugeteilt bekam die sogar über denen des Vorjahres lagen somit eine besondere Leistung, um sicherzustellen, dass die Produktion lief und es zu keinen Lieferstopp kommen wird.

Leider wollte mein Kunde auch noch die Preise senken - die Verhandlungen waren schwierig bis zu einem Punkt , wo wir die Verhandlungen ergebnislos abgebrochen hatten – das war glaube ich das erste Mal für den Kunden und entsprechend war die Reaktion. Von Hausverbot bis hin zum Verlust des Lieferantenstatus wurde alles angedroht.

Auf Grund der Markt Situation registrierte der Kunde dann endlich den Einsatz und erkannte das das gesprochen Wort hielt, Vertrauen und Zuverlässigkeit sind wichtige Werte in der Zusammenarbeit.
In diesem Jahr machte ich mit diesem Kunden Rekordumsätze und stellte sicher, dass es nicht zu Bandstillstand kam – diese Situation hilft um die eigene Reputation und natürlich auch das Vertrauen in die Partnerschaft zu manifestieren.

Gleichberechtigte Partner und Vertrauen sind im privaten und auch im geschäftlichen Umfeld wichtige Werte, einseitige Beziehungen sind nicht von Dauer.

Wenn man jahrelang in diesem Wettbewerbs Umfeld agieret freut man sich auf Zeiten der Allokation – natürlich auch mit dem Nachteil, das ohne Beziehungen intern und guter

Reputation des Kunden (Deshalb sind Key Account System so wichtig) eine Umsatzsteigerung nicht möglich ist, da man die Kunden, die nicht auf Allokation stehen, auch keine Ware liefern kann.

Eine geschäftliche Beziehung basiert im besten Fall auf einer bilateralen und guten Zusammenarbeit. Sie ist geprägt durch die persönliche Verantwortung des Herstellers oder Lieferanten zum Kunden, aber auch vom Kunden zum Lieferanten.

Langfristige und persönliche Kundenbeziehungen sind durch nichts zu ersetzen und wenn man den Analysen aus dem Buch Good to Great glaubt wird das hier noch einmal bestätigt. Die Firmen die überdurchschnittlich erfolgreich sind, haben eine klare Vertriebsstruktur, ein funktionierendes Key Account System und gute und langjährige Vertriebsmitarbeiter die eine gute bis hervorragende Beziehung zu den Kunden pflegen.

In unsere Branche unterliegen wir einem Trend dass das Angebot größer ist als die Nachfrage und somit ein klarer Einkäufermarkt... – interessant ist nur alle 7 Jahren ändert sich der Trend , mal stärker, wie zuvor beschrieben mal schwächer , aber der 7 Jahre Zyklus bleibt.

Märkte In Deutschland

Seit 1997 haben sich der Mikroelektronik Markt in Deutschland wie folgt entwickelt

KFZ Elektronik fast verdreifacht, Telekommunikation und Konsumtechnik verzweifacht, Industrie und Datentechnik um 180% gewachsen und die Luft und Raumfahrt hat den Umsatz für Mikroelektronik gehalten. KFZ Elektronik und Industrieelektronik sind die beiden stärksten Marksegment im Bereich des Mikroelektroniksystems.

Meine Kinder und ehrlich gesagt ich selber auch können uns nicht vorstellen ohne Computer, Handy oder Internet überhaupt zu leben.

Wie oft „googlet" man wie oft nutzt man das Internet um Sachen, Themen oder ähnliches zu recherchieren.
Vor gut 15 Jahre war das noch nicht einmal annähernd vorstellbar.

Optimierung der Vertriebswege

Ca. 9 Jahre war ich bei dieser Firma, in der Zeit habe ich viel über den Vertrieb gelernt, auch sehr gute und internationale Trainingsprogramme erhalten. Key Account Training inklusive wie arbeite ich mit den unterschiedlichen Kulturen und Menschen, wie wirke ich auf andere und wie arbeite ich mit Amerikanern, Asiaten und den unterschiedlichen Kulturen zusammen.

Wie schätze ich mein Gegenüber ein, wie kann ich ihn überzeugen und für mich gewinnen. Wie kann ich die Gestik und Körpersprache deuten.

All das war sehr wertvoll auch für mich persönlich um Menschen besser zu verstehen, die Motivation für gewisse Handlungen einzuschätzen und zu beeinflussen.

Vertriebsstrategien, Key Account Konzepte und ein funktionierendes CRM, Customer Relationship Managementsystem sind essentieller Bestandteil einer gut funktionierenden Vertriebsorganisation.
Grundsätzlich hat jedes Produkt seinen Markt das wiederum heißt, wenn der Markt adressiert ist für die Produkte, sollte der Vertrieb entsprechend aufgestellt sein, um die Kunden zu betreuen.

Gut funktionierende Systeme sollten den Vertrieb unterstützen, um administrative Tätigkeiten auf ein Minimum zu reduzieren.

Ziel sollte es sein die Zeit der FSE, Vertriebingenieuer, der Aussendienstmitarbeiter so effektiv einzusetzen, das sie mehr als 60% ihre Zeit beim Kunden verbringen können.

Nach aktuellen Studien verbringt der durchschnittliche Vertriebler nur ca.35% beim Kunden, 35 % für Reisen, 25 % Reporting und Meetings (Besprechungen).
5% für Kaffeepausen – in der Branche geht nichts ohne Kaffee!

Wie optimiere ich meine Vertriebsstrukturen? Der erste Ansatz ist klar die Analyse , Punkt 1, Produkte, Applikation, Märkte - > Kunden , danach wird eine ABC Analyse der Kunden durchgeführt, um die Top 15 zu definieren , danach folgen die Top 16 – 100 und dann die Kunden 101 – 10000 , Klassisches Struktur der Kundenanalyse.
Hier helfen die Daten von den einschlägigen Agenturen wie auch der eigene Vertrieb weiter.

Mit den Informationen sollte jetzt der nächste Schritt erfolgen und die Betreuung der Kunden zu definieren.
Top 15 sind in aller Regel die Corporate Account, diese Kundengruppe steht für > 35 % aller Umsätze.

Top 15 Kunden brauchen ein Globales Key Account Konzept um wirklich durchgängig und nachhaltig betreut zu werden. Ansatz hier in aller Regel wird der GAM (Global Account Manager) anhand der Beziehung und Nähe auch kulturelle Nähe zum Entscheidungszentrum des Kunden gewählt.

Nahe an den Entscheidern in den Abteilungen Einkauf, Entwicklung und Logistik des jeweiligen CA (Corporate Account)

Kundenverteilung in Europa , 2005 , Gesamtmarkt nach Kunden.

TOP 15 entsprechen 35% vom TAM

TOP 16 – 250 Accounts entsprechen 24 % vom TAM

TOP 251 - > 10 000 Accounts entsprechen 41 % vom TAM

Ein wichtiges Instrument der Auswahl der richtigen Kunden für das Produkt ist auch die 3D Analyse des Kunden an sich.

Kunde A, Frage 1. Portfolio Fit, passen unsere Produkte zur Kunden Applikation?
Frage 2, Wie beurteile wir die Beziehung zum Kunden, a. Neukunde, b Bestandskunde, c. langjähriger Partner (das hilft um auch bei der Definition der Aktionen ein optimales Zeitfenster zu erstellen)

Bitte berücksichtigen, dass bei Neukunden die Aufbauarbeit und das Beziehungsmanagement mehr Zeit in Anspruch nimmt, um den gewünschten Erfolg zu bekommen.

Frage 3 Wettbewerbssituation, wie wird der Kunde vom Wettbewerb betreut?
Wie ist die Beziehung?

Wenn alle 3 Fragen positive beantwortet werden können, ist ein weiterer Schritt zu einem erfolgreichen Konzept getan.

Die Corporate Accounts sind definiert die Ansprechpartner sind bestimmt und die Tools wie CRM System sind vorhanden.

Der nächste Schritt sollte jetzt das Team in einem Workshop definieren, Zielsetzung, Objektive, die Strategie und die Aktionen, Tactics kurz OST.

Der jeweilige Workshop sollte von einem erfahrenen Vertriebstrategen oder einem Consulting Partner moderiert werden, um sicherzustellen dass die gewünschten Ergebnisse auch erarbeitet werden.

Grundsätzlich möchte ich festhalten, dass es sich hier um ein Konzept handelt, einen Leitfaden. Um in die Tiefe zu gehen, benötigt man mehr Zeit und einen gut moderierten Workshop, um die gewünschten Ergebnisse zu erreichen. Gerne biete ich hier meine Unterstützung an,

Der nächste Block umfasst die Kunden 16 – 100 welche in aller Regel nicht durch die eigene Vertriebsmannschaft genauso intensive betreut werden kann, wie die definierten CA.

Hier hilft eine klare Channel Strategie, um auf Partner in der Distribution gezielt zuzugreifen und an Hand von Kundenprofilen die Vertriebsleute vom Channel Partner fokussiert einzusetzen.

D.h. jeder der eigenen Vertriebspersonen betreut mit Hilfe der Channel Partner Vertriebsstruktur ca. 10 – 15 der Kunden aus dem Block B.

Das Management muss sicherstellen, dass gute Reporting Systeme vorhanden sind.
Diese Systeme ermöglichen auch wöchentlich / monatlich die Vertriebskennzahlen aus der Distribution zu analysieren und der jeweiligen eigenen Vertriebsmannschaft zur Verfügung zu stellen.

Somit ist ein Umsatztool und Umsätze transparent und nachvollziehbar ohne die eigene Vertriebsmannschaft mit administrativen Arbeiten zu überhäufen.

Auch hier hilft es ein Kundenprofil für diese Gruppe der Kunden zu erstellen, nicht so aufwendig wie bei den CA aber mit allen nötigen Daten auf ein Format A4 allgemein bekannt als „One Pager„

Um kurz ein wenig abzuschweifen in punkto „Anglizismen„
Meine Mittlere hat mich mal richtig angefahren, als ich wie üblich eines der Anglizismen verwendet hatte.
„Sorry" anstelle von „es tut mir leid". Unter dem Motto, Papa ich verstehe das nicht!

Die Situation hat mich ein wenig sensibilisiert auf die Deutsche Sprache aber gerade in der Elektronik sind viele Begriffe einfach übernommen worden und auch nur schwerlich durch deutsche Begriffe zu ersetzen.

Wer sagt schon in unsere Branche Auftragsbestand wenn Backlog jeder versteht, Wir sprechen auch nicht von einem Angebot nein wir sagen „quote".

Dadurch dass der Markt stark von amerikanischen und japanischen Firmen dominiert wird, hat sich natürlich auch englisch als Geschäftssprache als Businesslanguage etabliert und viele der Begriffe sind englisch geprägt.

Das Thema Fremdsprache ist für ein Kind auch erst einmal eine Frage wieso brauche ich eine andere Sprache? Das Verständnis für eine Fremdsprache zu generieren ist schwierig in diesem Alter.

In der Schule, im Verein oder zu Hause verstehen mich doch alle. Das soziale Umfeld der Kinder spricht eine Sprache, die Muttersprache.

Natürlich versucht man seinen Sprösslingen genug Motivation und Gründe aufzuzeigen, damit sie anfangen im Kindesalter Fremdsprachen zu lernen. Ich glaube jeder von uns erinnert sich nicht gerne an die englisch Stunden und die Seminare für andere Sprachen.

Ich persönlich habe mich immer ein wenig schwer getan auch andere Sprachen zu erlernen, Französisch wird mich ein Leben lang verfolgen, Kurse über Kurse und kein wirkliches Gefühl für diese Sprache.

Spanisch fiel mir dagegen ein wenig leichter – vielleicht braucht eine neue Sprache auch Zeit und Muße.
Trotzalledem gab es eine Situation welche meinen Kindern gezeigt hat, dass andere Sprachen zu können auch hilfreich sein kann.

Die Liebe hat meinen Bruder nach Paris verschlagen und die neue Frau an seiner Seite spricht nur ein wenig deutsch. Jetzt erlebten meine Kinder was es bedeutet wenn plötzlich der Papa und der Onkel in einer Sprache redeten, eine Sprache die sie nicht verstanden haben, das war der Auslöser für meinen Grossen freiwillig einen Englischkurs an der Grundschule zu belegen .

Im letzten Sommerurlaub, nur 3 Jahre später, war die französische Seite der Familie hellauf begeistert, wie gut sich Lucas in Englisch verständigen konnte. Ich war sehr stolz auf meinen Grossen, sehr stolz auf alle, da sie sich alle prächtig zu selbständigen und selbstbewussten Persönlichkeiten entwickeln.

Die Mädchen spielten miteinander und kommunizierten in deutsch und französisch ohne ersichtliche Kommunikationsprobleme.

Es hilft sehr, Sprachen früh zu lernen, zu erfahren und wie immer wenn das Bedürfnis geweckt ist, steigt die Motivation. Durch Eigenmotivation lernt sich vieles einfacher und schneller.

Nur durch die gleiche Sprache verstehe ich mein Gegenüber. Verstehen im Sinne von den ganzen Menschen kennenlernen, die Motivation seines Tuns und die Verhaltensmuster ergründen- das ist verstehen.

Distribution

Nach ca. 9 Jahren bei der eben erwähnten Firma wurde ich von einer bekannten Personalberatungsagentur im Osten von München angesprochen und auf eine interessante Tätigkeit im Bereich Distribution aufmerksam gemacht.

Kurzum nach einigen Vorstellungsgesprächen entschied ich mich eine Segment Manager / Sales Direktor Position in der Bauelemente Distribution in Deutschland anzunehmen.

Plötzlich war ich in einer anderen Welt, Distribution, Meine Aufgabe war es die Key Accounts zu definieren, Account Konzepte zu etablieren und umzusetzen.

Im Bereich der Bauelementdistribution stehen verschieden Tools und Möglichkeiten zur Verfügung, um den Kunden im Bereich der Logistik zu unterstützen aber auch der Bereich technischer Support ist wichtig, da ein

Distributionskunde die einmalige Möglichkeit hat, sich bei dem Channel Partner unabhängig vom Hersteller, über alle technischen Vorteile der einzelnen Hersteller zu informieren.

Mit diesem „Value„ ist eine gute Kundenbindung möglich und mit einem durchdachten Konzept der Key Accounts besteht auf der Seite zum Hersteller die Motivation den Vorteil der Distribution zu nutzen, um neue Produkte breit auf den Markt zu bringen.

Distribution ist eine andere Welt, man pflegt die Kontakte einerseits zum Hersteller anderseits ist der „Value „ die Kundenbeziehung , da es kaum Hersteller gibt, die Ressourcen zur Verfügung stellen, um alle zigtausend Kunden im Markt persönlich zu betreuen.

Natürlich hat ein Händler auch die Möglichkeit die Hersteller gegeneinander auszutauschen, auch das generiert einen Vorteil oder Value für den Kunden – auf der Seite der Hersteller ist diese Taktik natürlich nicht besonders beliebt . Es entsteht eine gegenseitige Abhängigkeit und ein „Run „ auf die Top Kunden im Distribution Bereich.

1967 gilt als das Jahr einer neuen Generation von Jungunternehmern, die mit bahnbrechenden Ideen und Konzepten der Stagnation nach dem „Wirtschaftswunder" begegneten.

Zu dieser Generation zählt auch Carlo Giersch, der nach seiner Ausbildung zum Groß- und Außenhandelskaufmann bei der L. Spoerle KG in Frankfurt am Main im Alter von 26 Jahren den damaligen Elektro- und Radiogroßhändler verließ und zu einem siebenmonatigen Praktikum in die USA aufbrach.

Mit der Gründung der SPOERLE ELECTRONIC im Jahre 1967 legte er den Grundstein für eine Erfolgsgeschichte, die zunächst ganz bescheiden begann.

In den frühen 70er-Jahren entstanden zahlreiche Unternehmen, z.B. die Enatechnik mit Alfred Naye, EBV Erich Fischer 1969, Rutronik, Helmut Rudel 1973, 1979 MSC und viele mehr, die das Prinzip der Broadline-Distribution aus den Vereinigten Staaten adaptierten.

Zu der Zeit war der Markt noch sehr diversifiziert und als in den 90ger Jahren dann die großen amerikanischen Distributoren den Markt hier in Europa insbesondere in Deutschland für sich entdecken, wurde Stück für Stück der Distributionsmarkt konsolidiert.

Heute ist der Distributionsmarkt in Europa fest in den Händen der Globalen Distributoren wie die Arrow, Avnet TTI und Future, lokale Größen wie Rutronik, MSC oder Glyn. Neben den „Grossen" haben sich aber auch kleinere Distributoren z.B.Beckmann Elektronik etabliert und ihre Nischen gefunden und behaupten sich stark neben den Globalen Marktbegleitern.

Der Distributionsmarkt in Europa wird auf ca.12 Mrd.€ taxiert.

Umsatzentwicklung der größten deutschen Distributoren

Mio. €	2005	2006
Avnet	799	780
Arrow	710	730
Rutronik	310	325
MSC	180	185
Future	75	82
TTI	65	78

Deutschland Gesamt ca. 3 Mrd.

Quelle, Markt & Technik

Wenn wir die Geschichte der Distribution so eingehend beleuchten sollten wir uns auch mit den Bauelementen der Elektronik beschäftigen, denn darum geht es am Ende des Tages, elektronische Bauelemente sinnvoll verbinden um Systeme zu entwickeln die uns, den Menschen, die Arbeit erleichtern, wie zum Beispiel der Computer.

Halbleitertechnik

Die Geschichte der Halbleitertechnik beginnt im Jahr 1823 als ein Mann namens v. J. J. Berzellus das Silizium entdeckte. Silizium ist heute das bestimmende Halbleitermaterial in elektronischen Schaltkreisen, obwohl man anfangs mit anderen Halbleitermaterialien arbeitete.

Im Jahr 1874 entdeckte Ferdinand Braun den Gleichrichtereffekt. Heute immer noch ein wesentlicher Bestandteil, um aus Wechselstrom den Gleichstrom zu machen.

Ab 1925 wurden dann die ersten Kupferoxidul-Gleichrichter industriell eingesetzt. In den Jahren darauf gab es kaum wesentliche Erfindungen in der Halbleitertechnik Die Elektronik wurde noch von den Röhren bestimmt. Erst im Jahr 1947 kam es zu einer bahnbrechenden Erfindung: dem Transistor.

Die drei jungen Wissenschaftler Bardeen, Brattin und Shockley aus den USA hatten sich 1945 zusammengetan. Heraus kam ein Halbleiter aus Germanium, der den Stromfluss beeinflussen konnte.

Dass dieses neue elektronische Bauelement eine ernstzunehmende Konkurrenz für die damalige unverzichtbare Elektronenröhre war, konnte noch keiner ahnen. Dabei hatten die drei Wissenschaftler nichts anderes ereicht, als dass sie den Strom mittels eines elektrischen Signals steuerten. Der Transistor war geboren.

Es dauerte jedoch noch 10 Jahre bis man erkannte, dass der Transistor eine absolute Neuerung war. Auf dem Weg zur Serienproduktion kam es zur Entwicklung von Zonen und Sperrschichten mit Fremdatomen in den Halbleitern. Heute nennt man das Dotierung.

Als die drei Wissenschaftler 1956 für ihre Entwicklung mit dem Physik-Nobelpreis ausgezeichnet wurden, gab es schon die ersten transistorbestückten Geräte zu kaufen. Die ersten tragbaren Radios wurden einfach nur Transistor genannt. Diese entwickelten sich zum Statussymbol.

Obwohl der Transistor hochgelobt wurde, hatte er einen Nachteil: Er ließ sich im Gegensatz zur Röhre nicht leistungslos ansteuern. Dieser Grund führte zur Entwicklung des Feldeffekt-Transistors. Dessen hochohmiger Eingangswiderstand im Tera-Ohm-Bereich hatte ähnliche Eigenschaften wie die Röhre. Auch der Ausgangswiderstand im leitenden Zustand, der fast 0 Ohm hatte war traumhaft.

Zum eigentlichen Transistor entwickelten sich parallel spezielle Halbleiterbauteile. Allen voran die Diode.

Aber auch Thyristor und Triac, die dafür geeignet sind um tausende von Ampere zu schalten. Doch der Transistor konnte nicht überall die Röhre verdrängen.

Noch heute werden (Bild-)Röhren in Fernsehern und Oszilloskopen verwendet. Auf diesem Gebiet führten beispielsweise Flüssigkristall- und LCD-Bildschirme bei Notebooks zu Neuentwicklungen.

Die Entwicklung des Transistors brachte neue Möglichkeiten zur Herstellung von Schaltungen in der Elektronik. Die amerikanische Firma Texas Instruments (TI) ließ den ersten "Integrierten Schaltkreis" bauen. Doch es war nicht die Elektronik-Industrie, sondern das Militär stellte viel Geld zur Verfügung.
Auch die aufkommende Raumfahrt stellte immer mehr Anforderungen an die elektronischen Bauteile. Und genau hier waren die integrierten Schaltungen gefordert. Diese waren hinsichtlich ihrer Zuverlässigkeit, Leistungsfähigkeit, der geringe Platz- und Gewichtsbedarf nicht zu überbieten.

Für die zivilen Anforderungen kam damals die legendäre und heute noch benutzte 74-Serie von TTL-ICs heraus. Dadurch, dass diese ICs jedoch viel Strom verbrauchten, wurden bald neuere 74-Familien entwickelt (z. B. Low-Power-Schottky), die weniger Strom verbrauchten und sich mit einer schnelleren Frequenz betreiben ließen.
Eine neue, darauffolgende IC-Art war die CMOS-Technologie. Sie hatte hinsichtlich ihres geringen Stromverbrauchs, Störsicherheit und Arbeitsgeschwindigkeit ausgezeichnete Eigenschaften.

Mit der Entwicklung der Mikroprozessoren übernahm die Halbleitertechnik alle Bereiche unseres Lebens. Es gab kaum noch ein technisches Gerät ohne Halbleiter-Elektronik.

Grundlegende Entdeckungen sind dafür rar geworden. Stattdessen wurde die Technik immer weiterentwickelt und alles Machbare in elektronische Produkte integriert.

Wenn man die Entwicklung der Integrierten Schaltkreise betrachtet, erkennt man, dass die Dichte und die Menge der Transistor-Funktionen in den Chips immer größer werden.

Der Grund dafür ist, dass die Elektronik-Industrie immer leistungsfähigere und schnellere Schaltkreise braucht. Dieser Entwicklung scheint inzwischen physikalische Grenzen gesetzt zu sein.

Kleinere Halbleiterstrukturen und höhere Schaltgeschwindigkeiten sind zu einem Problem geworden.

Nichtsdestotrotz gehen die Entwicklungen zu immer kleineren Strukturen weiter und wer weiß, wo das Ende sein wird oder welche bahnbrechende Technology die CMOS Technik ablösen wird, um noch schnellere Chips zu produzieren die im gleichen Atemzug weniger oder gar keine Verlustleistung erzeugen.

Natürlich benötigt die elektronische Steuerung auch Verbindungstechnik wie die Steckverbinder und selbstverständlich auch das gesamte Spektrum der passiven Bauelemente z.B. Widerstände, Kondensatoren.

Der weltweite Markt für Halbleiter wird auf ca. 270 Mrd. USD taxiert, plus ca. 110 Mrd. USD für Steckverbinder und passive Bauelemente. Gesamtmarkt weltweit ca. 380 Mrd. USD.

Nachfolgend ein Überblick der Top 20 Unternehmen in der Branche.
1987 entsprach der Umsatz der Top 20 Firmen dem heutigen Umsatz der Firma Intel. Der Markt hat sich versiebenfacht in den letzten 20 Jahren.

Rank 2007	Company	Country	Revenue in million$
1,	Intel	USA	33 973
2	Samsung	South Korea	20 137
3	Toshiba	Japan	12 590
4	Texas Instr.	USA	12 172
5	STM	Italy/France	9 991
6	Hynix	South Korea	9 641
7	Renesas	Japan	8 137
8	Sony	Japan	8 040
9	NXP	Netherlands	6 038
10	Infineon	Germany	5 864
11	AMD	USA	5 792
12	Qualcomm	USA	5 603
13	NEC	Japan	5 555
14	Frescale	USA	5 349
15	Micron	USA	4 934
16	Qimonda	Germany	4 186
17	Panasonic	Japan	3 946
18	Elpida	Japan	3 731
19	Broadcom	USA	3 745
All other companies			97 849
Total			270 920

Quelle, Markt & Technik

Nach der kleinen Exkursion möchte ich wieder zurückfinden, zu dem Zeitpunkt, wo ich meine Erfahrungen beim Distributor gesammelt habe.

In der Position war ich für mehrere Büros und ca. 30 Mitarbeiter verantwortlich, die natürlich auch Zeit von mir in Anspruch nahmen, die Pflege der Menschen und natürlich auch insbesondere die Arbeit und die gemeinsamen Besuche mit meinen Vertriebsleuten.

Ich glaube nur wenn man mit den Leuten unterwegs beim Kunden ist, kann man auch Veränderungen im positiven Sinne erzielen. Es gibt nur gute Kundengespräche respektive Besuche „ Meetings „
Bei jedem Gespräch oder Besuch entsteht, wenn man genau zuhört, immer wieder eine neue Möglichkeit oder wie man so schön in Neudeutsch sagt „Opportunity„ um die Beziehung und oder das Geschäft weiter auszubauen.

Vertriebsstrukturen und Europäische Märkte

Die Führung von Vertriebsingenieuren besteht in der Kunst den Weg freizumachen, Talente entwickelt und die Effizienz zu steigern, indem man zuhört den Menschen versteht und die administrativen Arbeiten minimiert, Prozesse etabliert um sicherzustellen, das der FSE (Field Sales Engineer) seine Zeit beim oder für den Kunden verbringt.
Beziehungsmanagement ist ausschlaggebend, um den berühmten Last Call vom Kunden zu erhalten.

D.h. bevor der Kunde den Auftrag woanders platziert, ruft er seinen bevorzugten Kontakt an, um ihm die Chance zu geben, das Angebot, die Lieferzeit oder das Produkt zu den gleichen Konditionen zu beschaffen.
Die Beziehung zum Kunden ist wichtig, wichtiger als jemals zuvor.

Gerade nach den Umstrukturierungsmassnahmen der letzten Jahre insbesondere nach der Allokation ist die Mannschaft auf der Herstellerseite sehr dünn besiedelt.
Im Bereich Distribution werden mehr und mehr Kunden betreut, größere Kunden, da sich der Hersteller mehr und mehr auf die Top Accounts konzentriert. In manchen Ländern wie zum Beispiel Italien liegt der DTAM (Distribution Total Available Market) also der Distributionsmarkt vom Gesamtmarkt bei 35- 40%. Im Vergleich zu Europa liegt der Anteil bei ca. 19%.

Jahr für Jahr werden Kunden von den Herstellern in die Distributionswelt überstellt TAM – DTAM Transfer. Das gleiche gilt auch für die technische Unterstützung im Markt beim Kunden.

In den letzten 10 Jahren wurden die Abteilungen Technischer Support beim Distributor sukzessive aufgebaut, bestes und sicherlich auch erfolgreichstes Beispiel ist die EBV – sehr erfolgreich in Demand Creation, neue Designs beim Endkunden entwickeln mittels FAE's (Field Application Engineers).

Die Entwicklung geht weiter das Angebot wird ausgebaut.
Seit ca.3 Jahren werden komplette Systeme beim Distributor
entwickelt und als Lösung den Endkunden angeboten.
Der Vorteil für den Kunden liegt hier klar auf der Hand,
time to market wird drastisch reduziert, die eigene
Ressourcen für Neuentwicklungen können gezielt für das
Hauptprodukt beim Kunden eingesetzt werden.
Selbst die Beschaffung und Logistik umfasst das System der
Gesamtlösung.

Wer sonst, wenn nicht der Distributor kann eine
Gesamtlösung, also das Elektronikboard inklusive Software,
Beschaffung der Hardware sprich Komponenten und die
Logistik zur Verfügung stellen. Klar wird hier auch eine
neue Richtung der Franchise Distribution definiert, von der
Bereitstellung der Komponenten über Logistikkonzepte bis
hin zur technischen Beratung und jetzt das komplette
System wie zum Beispiel SMPS (Schaltnetzteile) oder
Motion Control Boards, elektronische Steuerungen für
diverse Motoren. Typische Applikation für den
Industriebereich.

Nachdem ich Erfahrungen beim Distributor gesammelt hatte
und die Eurodis leider finanziell vor dem Aus stand,
übernahm ich eine sehr interessante Aufgabe bei Fairchild
Semiconductor, einer der Pioniere in der der Halbleiterei.

Die Kombination als Regional Sales Manager Zentral und
Osteuropa für das OEM und das Distribution Geschäft
verantwortlich zu sein, war einerseits eine Herausforderung
andererseits, aber auch die Aufgabe die richtige Balance zu

finden zwischen Direktkunden und Distributionskunden Geschäft.

Die Kunst bestand darin die richtigen Kunden zu selektieren auf Grund von Produkt Fit, Kundenbeziehung und Wettbewerbssituation des Kunden (Erstauswahl ist natürlich auch die Größe, das Potential des Kunden.).
Mit Hilfe von Agenturen und natürlich die Erfahrungen des Teams konnten wir die Target Kunden, wie bereits erwähnt, definieren.

Eine klare Zuordnung und Struktur im Vertrieb ist notwendig um die gewünschten Erfolge zu realisieren und den Vertrieb effizient zu steuern.

Ein ähnliches Konzept wurde auch für die Distributoren angestrebt, um auch hier sicherzustellen, dass wir den richtigen Stellenwert beim Händler erreichen können und auch entsprechend den Support und die Unterstützung im Feld zu gewährleisten.
Organisationen wie Arrow unterhalten ca.26 Büros nur in Zentraleuropa mit ca. 250 Vertriebsmitarbeitern und einen Marketingstab von ca. 100 Mitarbeitern. Kein Hersteller kann auf diese Größe der Händler professionell reagieren, also muss ein klarer Fokus geschaffen werden, um auch die Händler zu bedienen und zu steuern.

Mit diesem Ansatz einer klaren Struktur und Zuordnung plus offene Kommunikation zum Distributor konnten wir diese Herausforderung meistern.

Desweiteren überzeugte der Ansatz die Meetingstruktur zu ändern. In den Besprechungen drehte sich alles ausschließlich um Kunden und NBO (New Business Opportunities) gepaart mit einem hohen Engagement konnten wir unsere Fokussierung klar unterstreichen und waren schlussendlich sehr erfolgreich.

Hier bestätigte sich auch wieder meine Philosophie, klare Strukturen, Kommunikation und Fokus auf wenig, aber auf die richtigen Kunden bringen überdurchschnittliche Erfolge.

Eine zweite aber auch sehr wichtige Aufgabe war der Aufbau Ost, Osteuropa war zu der Zeit nicht im Mittelpunkt der Aktivitäten selbstverständlich aber ein klarer Zukunftsmarkt mit überdurchschnittlichen Wachstumsraten. Nach einigen Reisen und Besuchen der Distributoren in Osteuropa erstellte ich einen Businessplan, um die Möglichkeiten, Geschäft zu generieren, aufzuzeigen.

Osteuropa ist riesig, Kulturen und Sprachen sind nicht so fremd wie in Asien aber dennoch fremd für uns Mitteleuropäer. Osteuropa funktioniert auf der Basis von Beziehungsmanagement, Beziehungen aufbauen ist die Grundlage, um Geschäfte in diesen Ländern zu machen.

Falls man die Sprache spricht hilft das ungemein, obwohl viele natürlich englisch sprechen, waren wir überrascht wie gut auch die Deutsch Kenntnisse in diesen Regionen sind.

Das kam daher, dass die ehemalige DDR zum Zeitpunkt des eisernen Vorhangs sich als Technikzentrum für den Osteuropäischen Markt etabliert hatte und die Sprache im Bereich Technik war deutsch.

Gerade im Bereich Bauelemente sind die Länder Tschechien, Slowakei, Türkei interessant insbesondere für die Produktion von Subsysteme für den Automobilbereich und oder für den Consumer Bereich.
Ungarn, Rumänien und Polen eher für die Subkontraktoren wie Flextronics, Elcoteq, Sanmina, Solectron usw. Aber auch in den kleineren Ländern wie Bulgarien entwickelten sich interessante Technologiefirmen die die Unterstützung im Bereich Technik sehr gerne in Anspruch nahmen.
Russland (Ukraine und Weisrussland)ist mit Abstand der größte Markt mit ca. 150 Millionen Einwohnern auch der konsumreichste Markt in Osteuropa.
Beziehungsmanagement ist hier klar die Grundlage für Erfolg d.h. der Aufbau zu den lokalen Händlern, Agenten oder auch Kunden geht nur Vorort und kann Jahre dauern.

Diese Investition ist unbedingt notwendig der Markt entwickelt sich gut weiter und wie bereits erwähnt ist Russland der größte Markt in Osteuropa und wird in Zukunft eine wichtige Rolle übernehmen.

Nachdem ein ausführlicher Businessplan mit allen Daten komprimiert vorgestellt wurde, konnte ein kleines Büro eröffnet und ein FAE für den Bereich eingestellt werden.

In Russland wurde das Konzept „Shared FAE „ realisiert d.h. mit Unterstützung der Franchise Distributoren wurde eine technische Ressource aufgebaut die zu 50% vom Hersteller ausschließlich für Neugeschäft eingesetzt wurde.

In Russland ist eine legal Entity nötig, um eigene Mitarbeiter zu beschäftigen, deshalb wurde das Konzept Shared FAE mit und durch die Händler vor Ort in Russland entwickelt.

Nachdem wir uns ausführlich mit den verschiedenen Konzepten der Steuerung und Optimierung von Vertriebsstrukturen und Vertriebsmitarbeiter beschäftig haben, möchte ich gerne ein sehr komplexes aber doch sehr wichtiges Thema angehen, das Thema

Personalführung und Personalentwicklung im Vertrieb.

Hier sieht und findet man klar die Parallelen zur Kindererziehung und auch zur eigenen Erziehung respektive die eigene Reife über die jahrelange Erfahrung, im privaten wie auch im geschäftlichen Leben.

Kindererziehung ist etwas, was nicht gelehrt wird. Für die Kindererziehung, also unsere Zukunft, denn Kinder sind unsere Zukunft, werden auch keinerlei Zeugnisse, Lehrgänge ohne sonstige Qualifikationen verlangt – das kann jeder! oder auch nicht. Übrigens um Politiker zu werden, gelten die gleichen Voraussetzungen.

Erst wenn die eigenen Kinder da sind, fängt man an, sich selber besser zu verstehen und vor allen Dingen seine Eltern besser zu verstehen.

Jedes Kind ist einzigartig und hat auch bereits sein eigenen Charakter, sein eigenes Ich, eben eine kleine Persönlichkeit.

Als Eltern hat man die wunderschöne Aufgabe das Kind zu erziehen, nicht zu verbiegen oder zu dem machen, was einem selber nicht möglich war, zu erreichen, nein zu erziehen, Selbstbewusstsein mitzugeben, den Ehrgeiz nicht mit dem lerner aufzuhören, offen und verständnisvoll zu sein, aber auch die soziale Kompetenz vermitteln.

Ab und zu sich selber in den Vordergrund zu stellen, um sich selbst zu kümmern.

Das eigene Ich zu pflegen, den eigenen Menschen so zu lieben wie er ist.

Einem Kind sollte geholfen werden seine Talente und Stärken zu entdecken und diese weiter auszubauen, Selbständigkeit, Selbstbewusstsein und soziale Kompetenz sind die Eigenschaften, auf die es ankommt.

Das herauszufinden, das zu erkennen ist eine Lebensaufgabe an sich, aber in aller Regel bleiben den Eltern nicht mehr als 10 – 13 Jahre danach ist der Grundstein beim Kind gelegt, danach wird der Einfluss der Eltern geringer. Das Umfeld ist dann wichtiger, die Freunde, die Umgebung und die eigene Erfahrung.

Wenn die Eltern alles richtig gemacht haben, wer weiß das schon im Voraus, hat sich die Beziehung zum Kind bereits zu einer mehr partnerschaftlichen und freundschaftlichen

Beziehung geändert, eine Beziehung die wir auch zwischen guten Freunden kennen oder zwischen erwachsenem Geschwister beobachten oder auch erfahren dürfen.

Eine Herausforderung die eher später funktioniert als zu dem Zeitpunkt, da die Kinder natürlich in dem Alter mehr mit der Pubertät, als mit allen anderen Sachen im Leben beschäftigt sind.

Auch hier möchte ich festhalten, dass das Thema sehr komplex ist und ich beschreibe meine Erkenntnisse die sich auf langjährige Erfahrungen und vielen Gesprächen beruhen, in der Erziehung und in der Personalführung. Es würde die Grenzen sprengen, um das Thema in der Tiefe zu beleuchten, aber es sollte ein Trigger ausgelöst werden! Jetzt.

Personalführung ist ähnlich gelagert, jeder Mensch ist für sich einzigartig , auch in seinen Talenten in seiner Arbeitsweise und in der Art und Weise wie er sich gibt und kommuniziert und gleichzeitig wie das wiederum im Umfeld reflektiert wird. Wie er auf andere wirkt.
Nach mehr als 8 Jahren Personalverantwortung gehe ich davon aus, dass ich nicht alles immer richtig gemacht habe. Heute kann ich Situationen besser beurteilen und durch die Erfahrung auch bestimmte Dinge besser steuern.

Das Team besteht in aller Regel aus gut bis sehr gut ausgebildeten und qualifizierten Mitarbeitern die teilweise mehr Erfahrung aufweisen, als der Manager.

Aber doch unterscheiden sich die Funktionen deutlich, ein Team zu führen, die Kräfte und Fähigkeiten zu bündeln um dann mit noch mehr Erfolg zu glänzen bedeuten dass der Manager sich mit jedem Einzelnen im Team beschäftigen muss.

Analysieren wo die Stärken sind, Talente entdecken und ausbilden, wie ich den einzelnen noch mehr motivieren oder besser begeistern kann für den Gesamterfolg auch in Punkto Erfolg für jeden Einzelnen im Team.

Auch wie das Team eingesetzt wird und wer welche Rolle übernimmt ist entscheidend für den Erfolg.

Nur wenn das gesamte Team, mit allen seinen Talenten, begeistert zusammen arbeitet, ist man überdurchschnittlich erfolgreich.

Vor 100 Jahren im Zeitalter der Industrialisierung wurden für die einzelnen Aufgaben klare Anweisungen formuliert, um z.B. ein Produkt in der Fabrik zu produzieren- eigene Vorstellungen und Ideen konnten und wurden nicht berücksichtigt . Also klare Arbeitsanweisungen, klare Vorgaben und natürlich eine klare Hierarchie.

Über die letzten Jahre hat sich aber auch die Industrie und die Märkte wie auch die Menschen weiterentwickelt, das Computerzeitalter hat begonnen, der Computer übernimmt einfache Aufgaben, der Mensch denkt.

Mit dem Internet begann das Informationszeitalter. Informationen verarbeiten, Entscheidungen treffen und das in einem rasanten Tempo. Informationen sind überall verfügbar und durchs Internet schnell abrufbar, aber was hilft es, wenn der einzelne mit den Informationen nichts anfangen kann? Wie ein Handy funktioniert und wie es gebaut wird, die Daten sind in Sekunden abrufbar und verfügbar im Internet, aber was hilft mir das?

Kann ich daraus Kapital schlagen – natürlich nicht, nur wer auch den Markt versteht, die Zusammenhänge deuten kann und eine Vision hat, derjenige kann daraus ein Geschäft realisieren und durch Verstand, Erfahrung und Innovation gelingt es immer wieder aus Ideen ganze Konzerne zu erschaffen z.B. Microsoft, SAP, Intel Google usw.

Die Kunst ein Team zu führen liegt darin, den einzelnen Menschen zu verstehen, sein Talent zu entdecken und seine Fähigkeiten richtig einzusetzen, Menschen zu entwickeln, sie weiterzubringen, das macht einen guten Manager aus.

In der Personalführung ist es essentiell die gesammelten Erfahrungen begleitet von Kursen und Weiterbildungsseminaren kontinuierlich auszubauen und seinen eigenen Stil zu entwickeln.
Auch das ist wichtig für den Manager, denn auch der Manager hat sein eigenes ich sein unverwechselbares und besonderes Charakterbild.
Leider sind heutzutage die Manager teilweise austauschbar, gleiche Kurse, gleicher Anzug und kein Mut Verantwortung zu übernehmen und wenig Kreativität seinen eigenen Stil zu entwickeln.

Hier unterscheiden sich deutlich die 3 großen Regionen, Asien, Amerika und Europa voneinander.
Trotz der unglaublichen Stärke im Bereich Vertrieb und Marketing in Amerika, Produkte im Markt zu platzieren, Marketing Kampagnen zu steuern findet man hier in aller Regel Manager ohne großen Wiedererkennungswert.

Austauschbar und leider auch ohne den wirklichen Ansatz der Mitarbeiterentwicklung.
Wie auch das mangelnde Verständnis über die unterschiedliche Kulturen. Die bestimmte Verhaltensweise aus den verschiedenen Regionen der Welt anzunehmen und zu interpretieren.

Ein typischer amerikanischer Manager handelt nach dem Prinzip „One size fits all" – ein System eine Strategie funktioniert überall auf der Welt ohne Rücksicht auf die Menschen und Kulturen. Effektiv, aber wirkungslos außerhalb Amerikas. Natürlich gibt es hier auch Ausnahmen.

Interessant ist nur, es wird sehr viel Geld ausgegeben um diese Manager zu schulen, Kulturen und Andersdenkende zu verstehen, angewandt wird es eher selten.
Selbst ich als Europäer durfte die Seminare regelmäßig besuchen und ich war begeistert. Das Verständnis über die Regionen über die Kulturen ist da, aber es wird nicht gewinnbringend eingesetzt.
Aber auch hier bestätigen einige Ausnahmen die Regel.
Asiaten sind gewohnt dass alle anderen Kulturen über sie bestimmen wollen, Asiaten sind sehr rücksichtsvoll und höflich, lassen sich aber eher selten fremdbestimmen.

Dieses Jahrtausend alten Kulturen die auch so vielfältig sind zu verstehen, bedarf einer sehr langen Zeit in Asien. Europa ist wiederum anders, auch wir schauen auf eine lange Geschichte zurück, wir sind es gewohnt mit unterschiedlichen Kulturen, Zeitzonen, Währungen und Menschen zu arbeiten und zu leben.

Wir wissen das Menschen anders denken und empfinden können, anders handeln und aus anderen Gründen heraus handeln und Entscheidungen treffen.

Im Zeitalter der Informationstechnologie ist Personalführung und Entwicklung ein zentraler Punkt im Unternehmen.

Das Führen oder auch das weiterentwickeln der Mitarbeiter ist wichtig für das Unternehmen und deren Organisationen. Die Mitarbeiter sollten ihre Talente und Ideen weiterentwickeln können, das Unternehmen wiederum profitiert davon, Ideen aufzunehmen und innovativ auf den Markt zu bringen. Neue Wege einzuschlagen, die alten Pfade zu verlassen, genau das bringt uns ein Stück weiter in unserer Entwicklung.

Die Kreativität zu fördern, das Umfeld so zu gestalten, dass Ideen wachsen können ist heutzutage wichtig und notwendig in der Personalentwicklung. Insbesondere im Vertrieb sollten Prozesse und Strukturen die Talente und die Kreativität der Mitarbeiter unterstützen und nicht behindern. Administrative Tätigkeiten sollte der Computer auf Knopfdruck erzeugen, hochbegabte und gut ausgebildete

Vertriebsingenieure sollten nicht mit einfachen administrativen Tätigkeiten beschäftigt werden, dass ist absolute Verschwendung der guten und teuren Ressourcen.

Den Menschen verstehen bedeutet auch was macht den Menschen aus, den Körper sieht man, der Verstand kann abgeschätzt werden – aber das Herz, die Begeisterung die Motivation und die Einstellung zur Aufgabe kann man nur schwer erkennen, sie ist bei jedem Menschen vorhanden und muss nur geweckt werden.

Das alles zusammen, der Körper, der Verstand, das Herz und der Geist machen den Menschen aus. Nur wer es schafft das alles zu verstehen und den Menschen das Gefühl oder besser, Vertrauen vermitteln kann, der wird feststellen, dass dadurch die höchste Stufe der Motivation erreicht werden kann. Damit auch ein Umfeld geschaffen worden ist, welches das Talent fördert und der Mitarbeiter sich weiter entwickelt.

Der Manager sollte diese Art des Umfelds sicherstellen, den Menschen als Ganzes begreifen, klare Ziele miteinander definieren, die Systeme dem Menschen unterordnen, das generiert Vertrauen und der Mitarbeiter ist in der Situation sein ganzes Talent und seine Kreativität voll zum Wohle des Teams, des Ziels und dem Erfolg des Unternehmens einzubringen.

Das ist auch wichtig für die persönliche Entwicklung jedes Einzelnen.

Ich nenne es den Mitarbeiter zu begleiten und nicht zu gängeln – zum richtigen Zeitpunkt auch wieder „einzufangen „ und den richtigen Weg zeigen, aber begleiten und unterstützen nicht auf Grund des Titels oder der Position zu befehligen.

Diese Erkenntnis setzt Erfahrung und Seminare voraus, das ist ein Thema das wachsen muss, in jedem von uns und in allen Bereichen.

Jeder Manager war sicherlich auch einmal ein Vertriebsmitarbeiter und sicherlich auch sehr erfolgreich. Ein Team zu führen zu begleiten ist eine wesentlich komplexere Aufgabe und nicht jeder erfolgreicher Key Accounter oder Vertriebsingenieur ist gleichermaßen ein guter Chef.

Manche sind schlichtweg überfordert nach der Beförderung und damit hat das Unternehmen einen sehr guten Vertriebsmitarbeiter verloren und einen durchschnittlichen Vorgesetzten gewonnen – auch das sollte mit berücksichtigt werden, wenn die Entscheidung in einer Firma zu einer Beförderung ansteht.

Von beiden Seiten sollte diese Entscheidung gut und mit Hilfe der Personalabteilung vorbereitet und begleitet werden. In meiner Laufbahn durfte ich die unterschiedlichsten Vorgesetzten erleben.

Von denen die wirklich nur Befehle und Emails absetzten bis hin zu dem Chef, der mich begleitet hat, mich gefördert und der sich um seine Leute gekümmert hat.

Ganz ehrlich, dass war die erfolgreichste Zeit in meinem Werdegang und ich hoffe, dass darf ich die Möglichkeit erhalten werden, das zu vermitteln.

Eine sehr interessante Konstellation sind Inder in Manager Positionen. Sie pflegen den Militär Stil und mögen es Befehle und Anweisungen zu verteilen, ganz so wie sie es über Jahre der Kolonialherrschaft der Engländer gewohnt waren, nach unten treten und nach oben bücken.
Sehr kritische Konstellation und nicht wirklich zielführend in den Organisationen im Informationszeitalters, da der Faktor Mensch auf der Strecke bleibt.
Hier eine funktionierende Beziehung aufzubauen, um zu verstehen was die Ziele sind wo es lang geht vor allen Dingen was erreicht werden soll, ist fast unmöglich.
Das Gefühl völlig im Dunkeln zu tappen, ist permanent vorhanden.

Der Schritt zum Europa Chef war natürlich für mich etwas ganz besonders.

Über einen Wegbegleiter bekam ich die Chance die europäische Sales und Applikation Organisation eines amerikanischen Unternehmens zu führen. Bevor ich überhaupt begonnen hatte, wurde mein Bekannter in der Funktion als weltweiter Vertriebsdirektor abgelöst und ich startete mit einer gewissen Unsicherheit, wie man sich sicher vorstellen kann.

Um das Geschäft zu verstehen, reiste ich in die Regionen, um die Leute zu treffen, die Probleme zu verstehen und natürlich auch die Arbeitweise und die Prozesse zu analysieren.

Es war schnell offensichtlich, dass die Anzahl der Direktkunden und die Anzahl der Händler viel zu groß waren, um effektiv Sales und neue Opportunities zu realisieren.
Nach 3 Monaten lud ich mein Team zu einem Workshop ein, der zum Ziel hatte die Strukturen zu straffen, Kunden zu klassifizieren (ABC und 3D) und die Aktivitäten auch Tactics genannt zu definieren.

Wie in den meisten Organisationen funktionierte das in einigen Regionen gut, die Mannschaft verstand es sich auf das Wesentliche zu konzentrieren und in manchen anderen Regionen erforderte es noch weitere Meetings und persönliche Einflussnahme von mir, um auch da die Struktur zu etablieren.

Im gleichen Zuge wurden noch weitere Umstrukturierungen vorgenommen, leider ohne klare Zielsetzung und ohne die Organisation vor Ort mit einzubeziehen. Diese Maßnahme zeigte dann auch nur mäßigem Erfolg weil die Managementebene zu viel auf einmal erreichen wollte und den Faktor Mensch leider unterschätzte, was zu Frustrationen und Kündigungen führte.
Aber auch das war ca. nach einem halben Jahr etabliert und funktionierte dann final auch recht ordentlich, man spürte die Veränderung, nahm sie auch positiv wahr.

Innerhalb von einem Jahr stand nicht nur die neue Europa Struktur, sie wurde bereits aktiv angewandt.

Die Kunden waren definiert, die Ziele und Aktionen abgesprochen und die ersten Ergebnisse stellten sich ein. Natürlich ist es auch sehr wichtig, dass ein Kontrollinstrument im Prozess integriert ist, um sicherzustellen, dass auch die Ziele wie auch die Aktionen umgesetzt werden und die Ergebnisse dann analysiert werden können. Wöchentliche Telefonkonferenzen sind ein probates Mittel, um Feedback zu erhalten und falls Probleme auftauchen, sie auch gleich zu lösen.

Eine vorgegebene Berichtstruktur in einem einfachen Format rundet die gesamte Struktur ab. Meine Aufgabe bestand nun darin die Regionen und die Mitarbeiter zu begleiten, zu helfen und Probleme zu beseitigen. Regelmäßige gemeinsame Kundenbesuche helfen hier ungemein, um die Beziehungen zu den einzelnen Vertriebsmitarbeitern aufzubauen.

Europa war zu dem Zeitpunkt, 2008, stark betroffen von der Finanzkrise, auch unsere Märkte schrumpften gewaltig, minus 20 % war keine Seltenheit. Trotz alledem konnten wir das Ergebnis vom Vorjahr einstellen und waren damit die erfolgreichste Region in der Organisation.
Das gesamte Team war sehr stolz auf die vollbrachten Ergebnisse, trotz allen Widrigkeiten.

Neben der Krise, die zu meistern war, wurden auch Positionen nicht mehr besetzt so dass wir mit weniger Vertriebsleuten auskommen mussten, das steigert das Ergebnis noch einmal. Kurzum klasse Ergebnis und das Team war endgültig zusammen gewachsen.

Um die ca. 2 Jahre als Europachef zu reflektieren, war auch hier der Schlüssel zum Erfolg die klare Zielsetzung und Fokussierung auf die Kunden, die nach unseren Analysen die größte Möglichkeit Umsatz zu steigern zeigten.

Klare Strukturen, Klare Zielsetzung, Kommunikation und Konzentration auf das Wesentliche gepaart mit gut funktionierenden Systemen brachten den Erfolg.

Um nachhaltige Ergebnisse zu erzielen ist es nötig, diese Organisationen auch länger als 1.Quartal arbeiten zu lassen, damit auch die Kundenbasis fühlt, dass die Betreuung mittel und langfristig stabil bleibt. Leider ist das bei manchen Firmen modern regelmässig die Organisationen neu zu formatieren, teilweise quartalweise.
Der Kunde ist von dieser Art der Betreuung nicht besonders begeistert, weil es für ihn immer wieder einen Aufwand nach sich zieht, der nur unnötig Arbeit und Zeit verschlingt.
Die Prozesse müssen neu erklärt werden, Ansprechpartner müssen sich erst wieder aneinander gewöhnen und kennen lernen usw.
Ergo Kundenbeziehungen sind das A und das O im Vertrieb.

Der Bauelemente Markt

2009 stark gezeichnet von der wirtschaftlichen Krise, entstanden aus dem Finanzsektor.

Die Frage, die ich mir stelle ist, wieso durften über Jahre hinweg gut ausgebildete aber viel zu unerfahrene Broker mit Firmengelder weltweit spekulieren, offensichtlich ohne Kontrolle, ohne die Erfahrung und natürlich ohne den Weitblick um zu verstehen, was dadurch alles passieren kann.

Die Börse an sich sollte doch für die Firmen ein Spiegelbild der eigenen Performance, Leistung, Werte und der Innovation sein, um potentielle Investoren mit ins Boot zu bekommen.

Leider spiegelt die Börse, und das schon seit Jahren, die Firma und die Leistung der Firma bei weitem nicht wieder. Hochausgebildet und übermotivierte vom Monetären geblendet, probieren diese Broker die Gelder, wie auch immer, so gewinnbringend wie möglich, weltweit anzulegen, spekulieren mit Milliarden, vernichten Milliarden und in 2008 ist die Blase dann endgültig geplatzt.

Das Geld, „das Blut des Wirtschafts- Kreislaufs" verdickte sich und lief nicht mehr, ein finanzieller Infarkt lähmt die Wirtschaft weltweit. Die Banken waren und sind der Situation vollkommen machtlos ausgeliefert, zahlen dürfen wir, wie üblich.

2009 ist das Jahr um diese Krise zu bewältigen, auch das Jahr um die Macht der Banken zu begrenzen, vielleicht auch das Jahr um wieder zurück zu kommen zu den Ursprüngen der Wirtschaft und der sozialen Verantwortung der Firmen und der Banken.

Der Bauelemente Markt der alle Bereiche tangiert, Telekommunikation, Automobil, Consumer, Computer wie auch den Industriemarkt leidet sehr stark, dominiert von den Amerikanern werden als erstes wieder Leute von heute auf morgen vor die Türe gesetzt, Werke stillgelegt und Strukturen verändert.

Leider passieren diese Veränderungen nicht um die Firma fit zu machen, nein nur um das Balance Sheet der Erwartungen der Börsianer anzupassen. Langfristige Perspektiven, Mitarbeiterentwicklung und vor allen die Kunden bleiben gnadenlos auf der Strecke.

Der Markt wird sich wieder erholen, und dann werden wieder horrende Summen ausgegeben um Mitarbeiter einzustellen und Kunden zu gewinnen.
Der Markt an sich läuft weiter. Heutzutage findet man überall Elektronik und ein Leben ohne Elektronik ist nicht mehr vorstellbar.
Ohne Fernseher, ohne Handy, ohne Computer wer von uns kann sich das noch vorstellen ohne diese Geräte zu leben?

Es gibt auch keine Technologie die die klassische Elektronik, sozusagen den Transistor die CMOS Technik ablösen kann, nicht in absehbarer Zeit.

Vielleicht ist der Mensch bereits geboren der diese
Technologie entwickeln wird, vielleicht ist es eins meiner
Kinder die dem PN Übergang den Gar aus machen wird.
Das wissen wir nicht.

Aber in der Zwischenzeit werden wir weiter Elektronik
brauchen und konsumieren. Der Markt der in der 1 Hälfte
2009 seinen Tiefstand erreichen wird, erholt sich auch
wieder.
Die Produktionen gehen weiter, der Konsum wird sich
wieder einstellen und die Börsen werden sich regenerieren.

Ich hoffe nur, dass die Börsenmakler und die Banken besser
kontrolliert werden, Auflagen erhalten bevor sinnfrei mit
fremdem Kapital spekuliert wird.
Ich hoffe auch, dass sich die Firmen wieder auf die Kunden
konzentrieren, langfristiger als 1 Quartal denken und
handeln.

Unser Kapital in Europa und insbesondere in Deutschland
ist die hohe Innovation d.h. gute Ideen schnell und
pragmatisch auf den Markt bringen und der Menschheit zur
Verfügung stellen.

Sodass der Fortschritt sich weiter entwickeln kann und der
Mensch hoffentlich sich mehr Zeit für die Familie und
natürlich für sich selbst nehmen kann.

Das optimale System sollte den einzelnen Menschen im Fokus haben, der einzelne sollte Zeit für sich und seine Persönlichkeit nutzen, um sich und damit die gesamte Menschheit einen Schritt vorwärts zu bringen in der Evolution, in unserer Entwicklung.

Nur sehr langsam entwickelt sich der Mensch obwohl wir viel mehr an Informationen aufnehmen.
Vor 500 Jahren hat der Mensch in seinem ganzen Leben soviel Informationen aufgenommen, wie heute auf einer Titelseite der Tageszeitung steht.
Die Generationen lernen nur bedingt voneinander, viele Erfahrungen müssen selbst erlebt und gemacht werden.

Bestes Beispiel ist die heiße Herdplatte, wie kann ein Kind verstehen was heiß ist, was es bedeutet sich die Hand zu verbrennen, solange es nicht selber erfährt und am schnellsten geht das durch ausprobieren. Schmerzhaft aber das prägt sich tief als Erfahrung ein und schützt vor Wiederholung.

Viele solche Beispiele in allen Bereiche zeigen, das wir uns nur langsam weiter entwickeln, vielleicht ist das auch gut so. Durch diesen Lernprozess werden auch viele Erfahrungen tief verankert- nur durch mitteilen, glaube ich werden auch viele Ereignisse einfach wieder vergessen.

Erkenntnisse

Seit nunmehr 20 Jahren bin ich aktiv in einer der innovativsten Wirtschaftszweige tätig, was ich sehe ist, das Bild hat sich stark verändert.

Anfangs stand der Kunde im Mittelpunkt, zu dem Zeitpunkt beschäftigte man sich ausschließlich mit dem Kunden, seinen Applikationen und probierte in enger Kooperation mit dem Kunden ein Projekt auf die Beine zu stellen.

Das half dem Kunden sein Produkt mit der neuesten Technologie auf den Markt zu bringen und es half auch dem Hersteller oder Distributor einen Technologie Vorsprung zu realisieren und dadurch gleichermaßen auch eine wirtschaftliche gute Marge zu behaupten.

Die Zusammenarbeit mit dem Kunden, das Vertrauen und die Vorteile der Zusammenarbeit verhalfen allen Beteiligten zu einer Situation, wo sich jeder als Gewinner der Kooperation gesehen hat. Auf Neudeutsch Win – Win – Win Situation schaffen.

Das hat sich leider in den letzten Jahren geändert , Umsatzwachstum, überproportional war die Devise bei Optimierung der Margen (Gewinnspanne) alles war erlaubt und ist erlaubt – der Kunde ist mehr oder weniger zum Störfaktor der Unternehmen geworden, weil er nicht planbar ist, d.h. für die Analysten ist der Kunde nicht berechenbar.

Der Kunde entscheidet in erster Linie für sein Unternehmen, was auch gut ist, das wiederum ist aber nicht kalkulierbar, außer das Unternehmen, der Lieferant fordert und fördert die aktive Zusammenarbeit mit dem Kundenstamm, arbeitet eng mit den Kunden, um Projekte und neue Technologien mit dem Kunden auf dem Markt zu platzieren.

Der Vertrieb heutzutage wird mit Zahlen, Statistiken, Meetings, Konferenz Calls ... soweit beschäftig, dass er nur noch ca. 30% seiner Zeit, wenn überhaupt mit der aktiven Kundenpflege beschäftigt ist.

Viele große Konzerne sind intern so mit den Zahlen und Analysen beschäftig, dass sie ganz vergessen, ohne Auftrag vom Kunden gibt es einfach keine Zahlen ergo auch keine Analysen oder Statistiken.
Auch in unsere Branche bestimmen die CFO,s und deren Abteilungen den Tagesablauf und halten die Mitarbeiter ab vom eigentlichen aktiven Vertrieb.

Hier nur ein paar wenige Bespiele,
Kosteneinsparprogramme im Vertrieb u.a. Reisebudget 30% reduzieren, Umsetzung sofort.
Leider war es der Finanzabteilung, wie so oft, nicht möglich die Details sauber auszuarbeiten. Aber die Anweisung rausgeben um 30% zu reduzieren musste natürlich umgesetzt werden.

Das wiederum führt zu hektischen Aktivitäten, um die Daten zu beschaffen, wieder einmal leidet der Vertrieb und der Kunde.

Daraufhin wurde dann auch die Frage gestellt, wieso die Firmenwagen so teuer sind, wohl wissend das die Finanzabteilung zuständig sind insbesondere für die Firmenwagen Verträge und Konditionen. Alles in allem blinder Aktionismus. Das führte zu Frustration im Vertrieb und Marketing und weiteren Reports und Analysen die wöchentlich besprochen wurden.
Maßnahmen um den Kunden respektive damit auch den Markt besser zu bedienen und zu verstehen, wurden einfach von der Agenda gestrichen.

Keine Maßnahme um den Vertrieb aktiver bei den neuen Projekten zu unterstützen, keine Maßnahme die das Geschäft positive beeinflussen könnte.
Meiner Meinung nach sollten alle Aktivitäten im Unternehmen immer vom Kunden ausgehen, aller anderen Aktivitäten sollte nochmals daraufhin überprüft und maximal als 2te Priorität eingestuft werden.

Für die Kunden ist es in erster Linie wichtig einen zuverlässigen Partner zu haben, der auch in schwierigen Zeiten zu seiner Aussage steht, innovativ ist und einen guten Service bietet.

Der Kunde steht in der Verpflichtung seiner Firma gegenüber in aller Regel wird etwas produziert und sogar ein Kondensator, eine Sicherung oder ein Mosfet der fehlt oder nicht der Spezifikation entspricht kann eine gesamte Produktion, schlimmer noch eine Neueinführung eines Produktes zum Stillstand bringen und die Markteinführung erheblich verzögern.

Reputationsschaden des Kunden bis hin zum Verlust des Gesamtauftrages nur weil eine Lieferant nicht zuverlässig respektive die Kundenbeziehung und die Verpflichtung nicht ernst genommen hat.

Der Schaden in der Beziehung ist in aller Regel kaum wieder gut zu machen, das wiederum bedeutet der Kunde ist für das Unternehmen erst einmal verloren plus die Rufschädigung hilft auch dem Lieferanten nicht unbedingt weiter.
Kundenbeziehungen sind ein wertvolles Gut, der Vertrieb ist der Hüter der Beziehung, das sollte mehr ins Bewusstsein der Unternehmensspitze verankert werden.

Erfolgreiche Unternehmen haben diese Tatsache schon lange erkannt und profitieren auch davon und das zu recht.

Die Wertewelt hat sich zu Gunsten der monetären Welt verschoben, aber die Krise zeigt deutlich wir Menschen brauchen Werte, wir brauchen das Vertrauen und eine gewisse Sicherheit, alles andere sind reine Sachzwänge und führen dazu, das sich der Mensch nicht weiter entwickeln und verwirklichen kann. Ganze Organisationen stagnieren.

Dadurch entwickeln sich aber auch die Unternehmen nicht weiter und das führt zum Stillstand.

20 Jahre in der Branche, hauptsächlich bei großen amerikanischen Unternehmen haben mich geprägt.

Gerade jetzt zwingt mich die Situation wieder zu reagieren,

Die Märkte leiden, Umsätze brechen regelrecht weg, eine Entlassungswelle nach der anderen rollt, Zahlen werden gewälzt, per Email kommen die Kündigungsschreiben – wenn überhaupt es gibt auch Fälle da liegt die Kündigung einfach im Postkasten – ohne Vorwarnung – ohne Erklärungen.

Jeder kämpft um seinen Arbeitsplatz teilweise nur um seinen eigenen zu erhalten. Teamspirit, Zusammenhalt, konstruktive Lösungen, aktiv am Markt agieren, das alles würde ein Unternehmen respektive das Vertrauen ins Unternehmen stärken.

Unter dem Motto „ wir gehen gemeinsam durch die Krise, entwickeln neue Ansätze und gehen gestärkt aus der Krise hervor. Dies Art von Aktionismus würde bedeuten, das das Management Weitsicht beweist, Rückgrat hat Stärke zeigt und zu seinen Leuten, zu seinen Mitarbeitern steht.

Ohne ein gut funktionierendes Team braucht das Unternehmen respektive die Organisation auch kein Management, der Fakt wird des Öfteren einfach ignoriert beziehungsweise verdrängt.

Meine Erfahrung zeigt in den meisten Fällen genau das Gegenteil, schwaches Management, Egoistische Beweggründe bis hin zur Schwäche Entscheidung zu treffen

Lieber beschäftigt sich das Management mit Zahlen und Analysen - versteckt sich regelrecht hinter den Zahlen. Führungspersönlichkeit, Charakter und das Talent ganze Organisationen zu motivieren zu begeistern zu führen, fehlt gänzlich. Auch hier gibt es die berühmten Ausnahmen.

Vorweg möchte ich sagen, dass die Zahlen und die Analysen auch im Vertrieb mit zu den Aufgaben gehören. Aber nicht um der Zahlen wegen, sondern um die Situation zu verstehen und dann mit den gewonnenen Erkenntnissen gezielt am Kunden bzw. auf dem Markt zu agieren.

Das gesamte Vertriebscontrolling sollte als Tool zur Verfügung gestellt werden und nicht den Vertrieb beschäftigen.

Genau in der Situation trifft man Menschen, die das auch erlebt haben, die ihr Leben genau aus diesem Grunde geändert haben und sich zurück zu den Werten orientieren. Kundenbeziehungen in den Vordergrund stellen, Mitarbeiter fordern und fördern, Werte wie Vertrauen, Sicherheit, Zusammenhalt leben und nicht im nur als Powerpoint Floskeln verwenden.

Nur in einer Welt wo die Werte wie Vertrauen, Offenheit und Menschlichkeit groß geschrieben werden, da entsteht auch ein Klima, eine Miteinander und eine Gemeinschaft , die zulässt, dass sich Talente entwickeln können, neue Wege aufgezeigt werden und wir uns weiter entwickeln können. Dadurch entwickeln sich Organisationen und Unternehmen weiter.

Diese Werte kennt ein Computer nicht, aber das unterscheidet uns auch maßgeblich von allen anderen Lebewesen und genau das ist der Motor der Evolution.

Die Mentalität „ Geiz ist Geil „ vertritt nicht die Werte die wir geschaffen haben, Deutschland und auch Europa steht für Qualität, Technologie und Innovation .

Meiner Meinung nach ist es sogar möglich in Deutschland aber auf alle Fälle in Europa Massenware zu produzieren. Hochautomatisierte Fertigungen, hohe Qualität und Technologie können und sollten nach wie vor hier produziert werden, um die Binnenmarkt Nachfrage zu befriedigen und die Selbständigkeit zu festigen.

Wenn die Unternehmer mehr unterstützt, die Ausbildung und die Hochschulausbildung im Mittelpunkt der Politik stehen würden, könnten wir definitiv den Technologie Vorsprung halten und sukzessive weiter ausbauen, um auch weiterhin international wettbewerbsfähig zu bleiben.

Genau in diesen Bereich sollten die Steuergelder fließen, nur hier liegt auch der Erfolg für eine gemeinsame Zukunft.

Exakt das probiere ich auch meinen Kindern mitzugeben, eigenständige und selbstständige Menschen zu werden, Meinungen zu vertreten neue Wege zu gehen, kreativ zu sein aber gepaart mit einer hohen sozialen Kompetenz. dadurch unterscheiden wir uns, dadurch sind wir alle, jeder Mensch etwas besonders, haben ein besonderes Talent und das sollte gefordert und gefördert werden.

Die Herausforderung im Informationszeitalter ist, diese Talente zu erkennen und sie zu entwickeln. Manager beziehungsweise Vorgesetzte oder Eltern, wie Lehrer müssen in diese Richtung umdenken

Es geht auch um unsere Zukunft!

Meine Kinder möchte ich als selbstbewusste, kreativer Denker mit einer hohen sozialen Kompetenz erleben, die aber auch anpacken können, ihre Ideen verwirklichen, gestalten und die Erkenntnis wieder weitergeben an die nächste Generation.

Mittlerweile verstehen meine Kinder besser was ich mache, die Elektronik ist ständiger Begleiter unseres tag täglichen Lebens und somit wird es auch für mich einfacher zu erklären was Bauelemente sind, in welchen Applikationen, Konsolen usw. sie eingesetzt werden wer wo etwas entwickelt hat und wer was und wie auf dem Markt platziert.

Das Thema der Mann im Informationszeitalter möchte ich wie folgt als Denkanstoss allen die das Buch lesen mitgeben. Heutzutage die Balance halten zwischen Ehemann, Vater, Job und sich selbst ist essentiell für ein ausgeglichenes Leben.

Wenn nur eins von den genannten 4 Pfeilern nicht im Gleichgewicht ist, ist das ganze System im Ungleichgewicht und kann einstürzen.

Das geht vielleicht einen Moment gut aber dauerhaft ist es ungesund und man fängt an sich zu verbiegen, Prinzipien zu verlassen und dadurch verlieren wir unsere Authentizität, wir wirken nicht mehr authentisch, wir sind nicht mehr wir selber.

Die Kunst ist die Balance zu halten. Zeit einzuplanen für alle Bereiche, lieber wirklich 3 Stunden mit den Kindern intensiv etwas erleben, als nur da zu sein, halb nur zuhören und die Zeit der Kinder mit dem Blackberry teilen, das gilt genauso für die Frau und auch wenn man für sich selber etwas machen möchte.
Auch das muss eingeplant und von allen mitgetragen werden – auch von den Partnern.
Genau diesen Zeitpunkt auch intensiv leben und erleben, dass macht den Unterschied, das hilft die Balance zu halten.

Unsere Kinder sind unsere Zukunft, das was wir vorleben wird weiter vererbt und gelebt, Werte wie Vertrauen und soziale Kompetenz sind mir wichtiger als Egoismus und die Einstellung „nach mir die Sinnflut".

Die Zeiten sind und bleiben spannend, die Welt erlebt eine Rezession, nach wie vor verhungern Kinder auf der Welt und es gibt Kriege, aber auch die Menschen rücken zusammen. Werte werden gesucht und werden wieder ein Stück wichtiger.
Vielleicht haben wir das gebraucht, um zu erkennen, was wirklich wichtig ist, was wirklich zählt, was wirklich Wert hat.
Das gibt auch mir für die Zukunft ein gutes Gefühl – für uns alle.

Lebenslauf

Peter Bauer , geb. 11.07.1965 in Dortmund, lebt seit 1977 in Bayern, Feldkirchen und Moosinning.

Studierte Elektrotechnik an der Fachakademie in München, seit 2004 BWL, Schwerpunkt Vertrieb und Marketing an der BWA in St Gallen,
Seit 20 Jahren in verschiedenen Vertriebs, Key Account und Distribution Management Funktionen in der Elektronik Branche tätig plus 3 Jahre Tätigkeit als Entwicklungsingenieur.

Stationen

Sales Manager EMEA, Littelfuse

Regional Sales Manager Central and East Europe, Fairchild Semiconductor

Sales Director, Eurodis

Field Sales Engineer & Key Account Manager, Kemet

Entwicklungsingenieur, Ruf Elektronik

Schulungen

Behavioural Interviewing Training, HR Course
Leadership Training "Great Leader – Great Team – Great Results" FranklinCovey.
Value Based Selling, Global Accounts, "Forum Corporation "Germany"
Eurodis Academy, Leadership Training, Communication, Systems London
Global Key Account Training USA Greenville.
Power Selling Training Part 2, USA Greenville
Power Selling Training Part 1, USA Greenville

Danke,

Peter Bauer ,
bauerpeter@web.de